맛있는 요리책 Cook&Cook 시리즈 Vol.4

KB250751

"김치로
만드는
반찬&요리"

맛있는 요리책 Cook&Cook 시리즈 Vol.4

"김치로 만드는 반찬&요리"

초판 발행 **2015년 05월 20일**
발행인 **김진용** / 발행처 **(주)지원출판**
편집 **이슬비** / 제작책임 **윤미경** / 마케팅 책임 **이홍연**
콘텐츠 제공 **29MEDIA**

도서, 마케팅 문의 전화 **031-941-4474** / 팩스 **0303-0942-4474**
주소 경기도 **파주시 탄현면 웅지로 110번길 71** / 등록번호 **406-2008-000040호**
홈페이지 **www.jiwonbook.com**

CONTENTS

김 치 이 야 기 | **1** 김 치 는 …

고유의 맛과 멋이 숨쉬는 식품

우리 식탁에 빼놓을 수 없는 음식. 김치만큼 다양한 요리로 변신이 가능한 재료도 드물다. 배추김치 한 포기만 있으면 국, 찌개를 비롯하여 여러 일 품요리가 가능하다!

한국 식탁에서 김치는 빼놓을 수 없는 음식이다. 여러 가지 재료와 양념거리들을 골고루 섞어 오묘한 맛의 조화를 이끌어내는 김치에는 우리 몸에 좋은 영양소들이 많이 들어 있다. 비타민을 비롯해서 칼슘 과 무기질 등의 영양소가 들어 있을 뿐만 아니라, 고추의 매운맛은 식욕을 돋우어 소화를 돕는 역할도 한다.

김치 영양학 김치는 한국 고유의 채소 저장 가공 식품으로 배추 · 무 또는 오이를 소금 에 절인 다음 고추 · 파 · 마늘 · 생강 · 젓갈 등의 양념을 넣고 버무려서 젖산 발효를 일 으키는 일종의 발효식품이다. 김치는 오랫동안 한국인의 식생활에서 빼놓을 수 없는 반 찬으로 사랑 받아 왔으며, 채소가 나오지 않던 겨울철에도 무기질과 비타민의 좋은 공급 원이 되어 왔다.
특히 김치는 젖산균에 의해 생성된 여러 가지 유기산과 탄산가스가 신선한 맛과 독특한 향미를 내어 식욕을 돋워주며, 거의 모든 김치에 들어가는 고추에는 비타민 C가 풍부하게 포함되어 있다. 김치를 담가 낮은 온도에서 숙성시킨 것은 높은 온도에서 숙성시킨 것보다 향미가 더 좋은 것으로 알려져 있는데, 그 이유는 숙성 온도에 따라 유기산의 종류와 함량이 다르기 때문이다.

김치가 익는 원리 김치가 익는 것은 원료 성분의 삼투압 작용과 미생물의 발효작용에 의해서 일어난다. 즉 채소를 소금으로 절일 때 소금물의 농도와 저장 온도가 숙성 과정에 많은 영향을 미친다. 김치의 맛과 향기는 주로 김칫국물에 있는 향미 성분의 삼투로 이루어지는데, 삼투작용을 빨리 이루어지게 하기 위해 채소를 소금에 절이는 것이다. 소금과 부재료에 의한 용해 성분이 적을수록, 즉 삼투압이 낮을수록 또 온도가 높을수록 김치가 빨리 익는다. 고온에서는 단시간, 저온에서는 장시간이 소요되며 가장 좋은 맛을 내는 숙성 온도와 기간은 5~10℃에서 2~3주간이다. 또 소금의 농도는 겨울 김장용으로는 2~3%, 봄철에는 4~5%, 여름철에는 7~10%를 쓰는데, 너무 오래 절이거나 소금의 농도를 너무 높게 하면 배추나 무의 단맛이 없어진다. 소금의 농도는 발효작용을 일으키는 미생물의 번식과도 관계가 깊다. 김치를 담그면 초기에는 여러 가지 잡균이 많아지는데, 젖산과 소금의 공동 작용으로 이런 잡균의 생성을 막아 채소의 방부 효과는 더욱 커지고 저장성이 생기게 된다. 또 김치 중의 유기산은 소금과 결합하여 방부력을 높이는 작용이 있고, 알코올과 에스테르를 생성해서 김치의 독특한 냄새를 만들어준다. 소금의 농도가 7%를 넘으면 소금의 방부력 때문에 미생물의 번식이 억제되어 김치의 숙성 속도가 매우 느려진다.

김치곱창전골 _ 4인분

재료와 분량
배추김치 150g
곱창 300g
깻잎 10장
대파 1대
풋고추 1개
붉은 고추 1개
밀가루 3큰술
굵은 소금 약간
곱창 삶은 육수 3컵

곱창 육수
물 3컵, 간장 1큰술
생강 1/2톨, 대파뿌리 4개
통후추 5알, 쪽마늘 3쪽
양파 1/3개

곱창 양념
고춧가루 2큰술
다진 양파 4큰술, 간장 1큰술
곱창 삶은 육수 1큰술
다진 파 · 다진 마늘 1큰술씩
다진 생강 약간, 청주 1작은술
깨소금 · 후춧가루 · 소금 ·
참기름 약간씩

이렇게 만들어요

1 곱창은 신선한 것을 준비하여 기름을 떼어내고 30cm 길이로 자른다. 곱창은 신선한 것을 준비해야 누린내가 덜 나고 맛이 있다. 곱창 주변의 기름기를 너무 말끔하게 떼어내면 곱창 특유의 맛이 사라지므로 약간씩 기름기를 남겨야 좋다.

2 굵은 소금과 밀가루를 곱창 위에 뿌리고 곱창을 비벼가면서 씻는다.

3 냄비에 곱창 육수를 내는 재료를 넣고, 끓으면 씻어놓은 곱창을 넣어 15분 정도 삶아 건진다. 곱창 삶은 물은 기름을 걷어낸 뒤 면보에 내려 육수를 따로 받아낸다.

4 김치는 소를 대강 털어낸 후 4cm 길이로 썰고, 대파는 4cm 길이로 잘라 반으로 가른다.

5 삶은 곱창은 먹기 좋은 길이로 썰어서 곱창 양념에 조물조물 무친다.

6 깻잎은 깨끗이 씻어 돌돌 말아 1cm 두께로 썬다. 풋고추, 붉은 고추는 어슷하게 썬 뒤 씨를 털어낸다.

7 전골냄비에 배추김치를 돌려 담은 다음 양념한 곱창과 깻잎을 가운데 담고 붉은 고추, 풋고추, 대파를 모양내어 담는다. 곱창 삶은 물을 붓고 끓이다가 소금으로 간을 맞춰 상에 낸다.

김치냄비우동

_ 2인분

재료와 분량
우동면 300g
잘게 썬 배추김치 1½컵
돼지고기(안심) 100g
(청주 2큰술, 소금·후춧가루
약간씩)
대파 1/2대
붉은 고추 1/2개
고춧가루 1작은술

장국
물 5컵
멸치 30g
다시마 10cm 크기 1장
간장 1큰술
설탕 1작은술
맛술 1큰술
소금 약간

이렇게 만들어요

1 냄비에 찬물 5컵을 붓고 멸치와 다시마를 넣어 끓인 다음 고운 체에 걸러낸다.

2 맑게 받은 국물을 다시 냄비에 붓고, 간장·설탕·맛술을 넣고 끓인 후 소금으로 간해서 장국을 만든다.

3 돼지고기는 채 썰어 소금과 후춧가루로 밑간을 하고, 청주를 고르게 뿌려 누린내를 없앤다. 우동면은 삶아서 체에 밭쳐둔다.

4 붉은 고추는 어슷하게 썰고, 대파는 송송 썬다. 배추김치는 소를 털고 잘게 썬다.

5 냄비에 기름을 조금 두른 다음 다진 배추김치와 돼지고기, 붉은 고추, 고춧가루를 넣고 볶는다. 돼지고기가 어느 정도 익으면 ②의 장국을 넣고 끓인다.

6 ⑤에 삶은 우동면을 넣고 끓인 다음 대파를 넣고 나서 불에서 내린다. 기호에 따라 달걀 노른자를 깨뜨려 넣는다.

1 돼지고기는 채 썰어 소금과 후춧가루로 밑간을 하고 청주를 뿌려둔다. 2 배추김치는 다져 돼지고기와 함께 볶는다. 3 ②에 간을 한 멸치다시마 국물을 붓고 끓여서 김치와 고기를 푹 익힌다.

· kimchi · cook&cook series 4 · cook&cook series · kimchi · kimchi 4 series cook&cook · kimchi · cook&cook series 4 · kimchi ·

9

김치부대찌개
_ 4인분

재료와 분량
배추김치 300g
햄 100g
소시지 50g
라면 1/2봉지
대파 1대
풋고추 1개
붉은 고추 1개
다진 마늘 1/2큰술
샐러드유 약간
물 4컵
소금 약간
고춧가루 1큰술

이렇게 만들어요
1 김치는 소를 약간 털어낸 뒤 한 입 크기로 먹기 좋게 썬다.

2 햄은 한 입 크기로 네모지게 썰고, 소시지는 칼집을 넣어 준비한다.

3 대파와 고추는 손질하여 어슷하게 썬 다음 물에 헹궈서 준비한다.

4 라면은 끓는 물에 넣어 살짝 삶아 준비한다.

5 냄비에 기름을 두른 뒤 김치를 넣고 볶다가 물을 부어 끓인다.

6 ⑤에 햄과 소시지를 넣고 끓이다가 다진 마늘과 고춧가루를 넣어 맛을 낸다.

7 ⑥에 라면과 대파를 넣고 끓이다가 소금으로 간을 맞춘다. 소금 대신 라면 수프를 넣어 간을 맞춰도 좋다. 여기에 어슷하게 썬 고추를 넣어 살짝 끓인 뒤 불에서 내린다.

1 냄비에 기름을 두른 뒤 김치를 넣고 볶는다. 2 ①이 적당히 볶아졌으면 물을 붓고 끓인다. 3 ②에 햄과 소시지를 넣고 끓이다가 고춧가루를 넣는다. 4 끓는 물에 넣어 살짝 익힌 라면을 건져서 찌개에 넣는다.

김치콩나물국 _ 4인분

재료와 분량

배추김치 1/4포기
콩나물 100g
쇠고기 80g
물 5컵
고춧가루 1작은술
대파 1대
다진 마늘 2작은술
소금 1작은술

이렇게 만들어요

1 배추김치는 잘 익은 것으로 준비하여 소와 양념을 털어내고 1cm 폭으로 송송 썬다.

2 콩나물은 뿌리를 다듬어 씻는다.

3 쇠고기는 다져서 준비한다.

4 손질하여 씻은 대파는 어슷하게 썬다.

5 냄비에 기름을 두른 다음 고기와 다진 마늘을 넣고 볶다가, 김치를 넣고 물을 부은 후 콩나물을 넣고 뚜껑을 덮는다.

6 콩나물이 익으면 고춧가루, 대파를 넣고 끓인다. 소금으로 간하여 완성한다.

고등어김치찜 _ 4인분

재료와 분량
고등어 1마리
부추 30g
김치 150g
물 1컵
간장 1큰술
고춧가루 1/2큰술

이렇게 만들어요

1 고등어는 머리를 잘라내고 내장을 제거한 뒤 흐르는 물에 깨끗하게 씻은 다음 물기를 닦고 먹기 좋게 토막 낸다.

2 김치는 작게 썬다.

3 부추는 다듬어 깨끗이 씻은 후 4cm 길이로 썰어놓는다.

4 냄비에 물을 붓고 간장을 넣은 다음 끓인다. 끓으면 김치를 넣는다.

5 ④에 손질한 고등어를 넣고 끓인다. 한소끔 끓어오르면 고춧가루 1/2큰술을 넣고 약한 불에서 5분 정도 조린다.

6 ⑤에 부추 썬 것을 넣어서 1~2분 정도 조리다가 그릇에 담아 낸다.

Cooking Tip

신김치는 먹기 좋은 크기로 썰어 소를 적당히 털어낸다. 생선 찜에 김치를 함께 넣어 조리면 칼칼하고 매운 맛이 입맛을 돋운다.

김치비지찌개 _4인분

재료와 분량
노란 콩 1컵(물 3/4컵)
돼지고기 100g
배추김치 100g
대파 1대
실고추 약간
소금 · 식용유 약간씩

양념
다진 파 · 다진 마늘 ·
후춧가루 · 참기름 약간씩

이렇게 만들어요

1 노란 콩은 하루 저녁 물에 불려서 껍질이 일어나면 손으로 비벼가며 벗긴 후 깨끗이 씻는다.

2 믹서에 ①의 콩과 물을 붓고 곱게 간다.

3 돼지고기는 넓적하게 썰어 다진 파, 다진 마늘, 후춧가루, 참기름을 넣고 양념한다.

4 배추김치는 먹기 좋게 3cm 길이로 썰고, 대파는 깨끗이 씻은 후 어슷하게 썬다.

5 김치가 너무 시어진 경우에는 그대로 넣지 말고 물에 한번 씻어서 넣도록 한다.

6 냄비에 식용유를 살짝 두르고, ③의 양념한 고기를 볶는다. 고기가 익으면 배추김치를 넣고 볶다가, 물 1½컵과 갈아놓은 콩을 넣어 젓지 말고 그대로 끓인다.

7 한소끔 끓으면 찌개가 넘치거나 눋지 않도록 불을 줄여 15분 정도 끓인다.

8 중간에 어슷하게 썬 대파를 넣는다.

9 싱거우면 소금으로 간한다.

김치닭고기조림 _ 4인분

재료와 분량

닭고기 1/2마리
김치 200g
감자 1개
양배추 4장
풋고추 1개
샐러드유 약간

ⓐ 양념

고추장 1큰술
고춧가루 1작은술
다진 마늘 1큰술
설탕 2큰술
물엿 2큰술
생강즙 1작은술

이렇게 만들어요

1 닭고기는 먹기 좋게 토막 내서 찬물에 담가두었다가 건진 다음 물기를 뺀다.

2 감자는 반으로 잘라서 얄팍하게 썬다.

3 양배추는 1cm 폭으로 썬다.

4 풋고추는 어슷하게 썰어서 물에 한 번 헹궈서 준비한다.

5 김치는 먹기 좋게 썬다.

6 냄비에 기름을 두르고 닭고기를 넣어서 노릇하게 굽는다. 여기에 감자와 양배추를 넣어서 잘 볶는다.

7 ⑥에 김치를 넣어서 다시 잘 볶다가 물을 1컵 붓고 끓인다.

8 ⑦에 ⓐ의 양념을 넣어서 국물이 잦아들도록 조린다. 거의 다 되었으면 고추 썬 것을 넣어서 살짝 볶아낸다.

Cooking Tip

닭고기는 먹기 좋은 크기로 토막 내어 찬물에 담가 핏물을 뺀 후 사용한다. 섬유질이 가늘고 연한 닭고기는 칼로리가 낮아 다이어트 식단에 활용하면 효과적이다.

kimchi · cook&cook series 4 · kimchi · cook&cook series 4 · kimchi · cook&cook series 4 · cook&cook series 4 · kimchi · cook&cook series 4 · kimchi · cook&cook series 4 · kimchi ·

17

김치찌개 _ 4인분

재료와 분량
배추김치 1/2포기
돼지고기 100g
양파 30g
붉은 고추 1개
대파 1대
마늘 2쪽
생강 1톨
고춧가루 1½큰술
설탕 1작은술
후춧가루 약간

이렇게 만들어요

1 김치는 국물을 살짝 짜낸 뒤 3cm 폭으로 썰고, 양파는 채 썰어둔다.

2 돼지고기는 얄팍하게 저며 썬다. 고추와 파는 손질 후 어슷하게 썬다. 마늘과 생강을 다져놓는다.

3 저민 돼지고기를 다진 생강과 다진 마늘로 양념해서 볶다가, 돼지고기가 익기 시작하면 기름을 보충해서 썰어놓은 김치와 붉은 고추를 함께 넣고 볶는다.

4 다 볶아지면 물을 부은 다음 설탕을 조금 넣고 끓인다.

5 김치가 알맞게 물러지면 양파를 넣고 고춧가루를 뿌려 칼칼한 맛을 낸다. 어슷하게 썬 대파를 넣고 한소끔 끓인다.

1 김치는 3cm 폭으로 자른다. 2 돼지고기를 생강과 마늘로 양념해 볶는다. 3 ②에 기름을 보충해서 김치와 붉은 고추를 넣고 함께 볶는다. 4 다 볶아지면 물을 부은 다음 설탕을 조금 넣고 끓인다.

김치버섯냉국

_ 4인분

재료와 분량

배추김치 100g
느타리버섯 100g
물 5컵
식초 1큰술
소금 · 샐러드유 약간씩

양념

국간장 2큰술
참기름 1큰술
깨소금 1큰술

이렇게 만들어요

1 배추김치는 속을 털어내고 국물을 짜낸 뒤 채 썬다.

2 느타리버섯은 먹기 좋게 찢은 뒤 끓는 물에 데친다. 찬물에 헹궈서 물기를 없앤 뒤 프라이팬에 기름을 두르고 알맞게 볶다가 소금을 넣어 간을 맞추고 식힌다.

3 볼에 김치와 버섯, 양념 재료를 넣은 뒤 조물조물 무친다.

4 볼에 물 5컵을 붓고 ③을 넣어 골고루 섞는다. 식초를 넣어 새콤하게 간을 맞춘다.

Cooking Tip

김치의 신맛이 입안을 자극할 정도면 김치 소로 사용한 무 채와 기타 양념의 상태는 더욱 심각하다. 때문에 신김치를 이용하여 요리할 때 소와 양념을 털어내는 과정이 반드시 필요하다. 맛있는 김치 냉국을 만들려면 적당하게 시어진 김치를 사용하도록!

김치볶음 _ 4인분

재료와 분량
신김치 300g
돼지고기 80g
두부 1/2모
식용유 약간

양념
다진 마늘 1큰술
생강즙 1작은술
깨소금 1/2큰술
참기름 1큰술
후춧가루 약간
고춧가루 1작은술

이렇게 만들어요

1 신김치는 속을 털어내고 4cm 길이로 썰어서 준비한다.

2 두부는 사방 4cm 크기로 도톰하게 썰어 팬에 기름을 두르고 지진다.

3 돼지고기는 사방 4cm 크기로 도톰하게 썰어서 준비한다.

4 냄비에 기름을 두르고 신김치와 돼지고기를 넣어 볶는다.

5 다진 마늘, 생강즙, 깨소금, 참기름, 고춧가루, 후춧가루를 넣고 볶아준다.

6 그릇에 볶은 김치를 담고 두부를 보기 좋게 옆에 담는다.

김치스위트 포테이토
_ 4인분

재료와 분량

고구마 3개
버터 2큰술
설탕 1큰술
달걀 1개
다진 모차렐라 치즈 1/2컵
우유 3큰술
호두 8개
소금 약간

이렇게 만들어요

1 고구마는 중간 크기로 준비하여 씻은 뒤 찜통에 넣고 30~40분간 찐다.

2 찐 고구마는 껍질을 벗겨 으깬 다음 버터와 설탕을 넣고 고루 섞어준다. 이어서 달걀 푼 물을 조금씩 넣어가며 고루 섞는다.

3 김치는 소를 털어내고 굵직하게 다져서 물기를 꼭 짠 다음 달구어진 냄비에 버터를 두르고 볶다가, 설탕을 넣어 물기 없이 달게 조린다.

4 고구마 으깬 것에 김치 조린 것과 모차렐라 치즈 다진 것, 우유를 넣어 나무주걱으로 반죽을 골고루 섞는다.

5 식빵의 가장자리를 잘라내고 4등분하여 여기에 반죽을 작은 주먹으로 만들어 얹고 그 위에 호두를 올린다.

6 그릴에 넣어 5분 정도 구워낸다.

김치알밥 _1인분

재료와 분량
밥 200g
날치알 25g
김치 30g
오이 1/4개
양파 1/4개
무순 · 당근 약간씩
팽이버섯 30g
김 1/2장
깨소금 · 참기름 약간씩

양념장
간장 1큰술
물 1½큰술
다진 마늘 1/2작은술
참기름 약간

이렇게 만들어요

1 김치는 줄기 부분만 준비해서 물기를 짠 후 잘게 다진다.

2 오이는 채 썰고, 양파와 당근은 잘게 다진다. 김은 구워서 부순다.

3 무순과 팽이버섯은 다듬어 씻어놓는다.

4 팬에 기름을 넣고 양파, 당근, 김치를 볶는다.

5 냄비에 간장, 물, 다진 마늘을 넣고 끓여 식힌 후 참기름을 넣는다.

6 돌솥에 참기름을 두르고 밥을 얹은 다음 ⑤의 양념장을 적당량 넣고, ④의 볶은 김치와 야채, 김, 날치알, 깨소금을 넣어 볶는다. 팽이와 무순, 오이채는 마지막에 얹는다.

Cooking Tip
냉동 날치알은 처음 냉동실에 보관하기 전에 적당히 나누어놓아야 사용할 때 편리하다. 뿐만 아니라 냉동과 해동을 반복하면 신선도가 떨어지므로 주의한다.

김치 이야기 | **2** 기 본 김 치

기본 김치 4가지 만들기

배추김치

재료와 분량 | 배추 2통, 굵은 소금 2컵, 무 1개, 마늘 2통, 대파 2대, 생강 1톨, 쪽파 70g, 새우젓 3큰술, 굴 1컵, 실고추 1/4컵, 고춧가루 2컵, 설탕 2큰술, 소금 약간, 찹쌀풀 1컵(물 1컵, 찹쌀가루 1큰술)

1 소금물(물 10컵 : 소금 1.5컵)에 배추를 넣고 잎 사이에 소금을 뿌려 하루 저녁 절인다. 중간에 위아래의 배추를 바꿔준다.
2 흐르는 물에 헹군 후 채반에 담아 물기를 뺀 다음 밑동을 자른다.
3 깨끗이 손질한 무는 5cm 길이로 채 썰고, 마늘과 생강은 다진다. 쪽파와 대파는 5cm 길이로 채 썬다.
4 고춧가루, 찹쌀풀은 함께 개어놓는다. 새우젓은 곱게 다져 넣는다.
5 굴은 소금물에 살살 흔들어 씻어 소쿠리에 밭쳐 물기를 뺀다.
6 무 채 썬 것에 ④의 고춧가루 혼합물을 넣고 빨갛게 버무린다. 마지막에 소금과 설탕, 실고추와 썰어놓은 야채를 모두 넣고 살살 버무린 후 굴을 넣고 섞는다.
7 배추는 아래부터 위로 한 잎씩 들어 사이사이에 ⑥의 소를 골고루 넣은 다음, 반으로 포개어 접어 큰 겉잎으로 한 바퀴 돌려 싼다.

총각김치

재료와 분량 | 총각무 2단, 소금 2컵, 대파 3대, 마늘 3통, 다진 생강 2큰술, 멸치젓 1컵, 새우젓 1/2컵, 고춧가루 2컵, 찹쌀풀 1컵(물 1컵, 찹쌀가루 2큰술), 설탕 3큰술, 소금 약간

1 총각무는 잘 다듬어 소금물에 절인다.
2 대파는 어슷썰고 마늘 · 새우젓 · 멸치젓은 곱게 다진다.
3 물 1컵에 찹쌀가루 2큰술을 넣고 풀을 쑤어놓는다.
4 고춧가루에 마늘 · 생강 · 새우젓 · 멸치젓 · 찹쌀풀을 넣고 개어놓는다.
5 절여진 총각무의 물이 빠지면 ④를 넣고 버무린 다음 대파를 넣고 설탕, 소금으로 간한다.
6 줄기를 돌돌 말아 단지에 담고 절인 무청으로 덮은 다음 소금을 뿌려 돌로 눌러놓는다.

깍두기

재료와 분량 | 무 2.5kg, 꽃소금 1/2컵, 마늘 2통, 생강 1톨, 쪽파 70g, 미나리 70g, 굴 200g, 새우젓 1/2컵, 고춧가루 2컵, 설탕 4큰술, 대파 100g, 찹쌀풀 1컵(물 1컵, 찹쌀가루 1큰술)

1 무를 단단한 것으로 골라 깨끗이 씻어 껍질의 잔털을 칼로 긁어낸 후, 사방 2cm 정도 크기로 깍뚝 썬 다음 소금에 살짝 절인다.

2 새우젓은 곱게 다진다.

3 마늘과 생강은 다지고, 쪽파와 미나리는 깨끗하게 손질하여 4cm 길이로 썰어 준비한다.

4 굴은 소금물에 살살 흔들어 씻고 껍데기를 골라낸다. 소쿠리에 건져 물기를 뺀다.

5 찹쌀풀에 새우젓과 분량의 고춧가루를 넣어 갠다.

6 ⑤의 고춧가루 혼합물에 썰어둔 무를 넣고 버무린다. 색이 곱게 들면 나머지 양념을 모두 넣어 버무린다.

보쌈김치

재료와 분량 | 배추 5포기, 굵은 소금 5컵, 무 2개, 미나리 300g, 갓 150g, 쪽파 150g, 대파 150g, 마늘 3통, 생강 1톨, 표고버섯 5개, 석이버섯 5개, 배 2개, 밤 200g, 대추 10개, 잣 4큰술, 새우젓 1컵, 굴 1컵, 낙지 2마리, 설탕 3큰술, 꽃소금 약간, 고춧가루 2컵

1 보쌈용 배추는 잎이 넓고 많은 것을 골라 소금물에 절인다.

2 무는 폭 2cm, 길이 3cm로 납작썰기한다. 대파, 미나리, 갓, 쪽파는 3cm로 썰고, 마늘과 생강은 다진다. 표고, 석이는 물에 불려 채 썬다. 밤은 채 썰고, 대추는 씨를 뺀 후 채 썬다.

3 굴은 심심한 소금물에 씻어 건지고, 낙지는 손질하여 소금으로 씻은 다음 4cm 길이로 썬다.

4 배는 사방 2cm로 납작썰기하고, 새우젓은 다져 준비한다.

5 절인 배추 중 넓은 잎은 골라두고, 나머지는 사방 3cm로 썰어 무와 함께 고춧가루, 양념과 젓갈을 모두 넣어 버무린다.

6 김치보시기에 배추 겉잎을 깐 후 소 버무린 것을 넣고, 고명 썬 것을 얹은 다음 배춧잎을 차례로 덮어 꼭꼭 눌러준다.

7 ⑥을 차곡차곡 단지에 담은 다음 소금에 버무린 우거지를 꼭꼭 눌러 담고 깨끗한 돌로 눌러둔다.

신김치 넣은 만두 _4인분

재료와 분량

두부 1/4모
돼지고기 50g
쇠고기 50g
배추김치 150g
숙주 50g
다진 파 · 마늘 · 소금 ·
후춧가루 · 깨소금 · 참기름 약간씩
만두피 50장

이렇게 만들어요

1 두부는 면보에 싸서 물기를 꼭 짠다.

2 돼지고기와 쇠고기는 곱게 다지고, 배추김치는 소를 털어낸 다음 송송 썰어서 물기를 꼭 짠다.

3 숙주는 끓는 물에 데쳐 물기를 꼭 짜서 송송 썬다.

4 ①~③의 재료를 볼에 담고 양념을 모두 넣어서 조물조물 무쳐 만두소 를 만든다.

5 만두피에 ④의 만두소를 조금 담고, 만두피에 물을 약간 바른 다음 반 을 겹쳐서 손으로 아물린 후 양쪽 끝을 맞물려 고깔 모양을 만든다.

1 두부는 면보에 싸서 물기를 꼭 짠다. 2 김치는 소를 적당히 털 어낸 뒤 곱게 다져놓는다. 3 숙주는 다듬어 씻은 뒤 끓는 물에 삶아 물기를 없애고 곱게 다진다. 4 만두피에 소를 알맞게 얹은 후 가장자리에 물을 발라 양끝이 잘 붙도록 한다. 5 ④를 반으로 접은 뒤 다시 안쪽으로 오므려 양끝을 붙여 모자 모양을 만든 다. 6 ④의 만두 끝 부분을 손끝으로 눌러 고깔 모양을 만든다.

김치불고기
슬라이스
치즈말이
_ 4인분

재료와 분량
배추김치 200g
쇠고기 불고깃감 400g
양파 1/2개
붉은 피망 1/2개
슬라이스 치즈 3장
깻잎 8장

양념장
간장 2큰술, 설탕 1큰술
다진 마늘 1/2큰술
다진 파 1/2큰술, 간 사과 1큰술
간 양파 1/2큰술, 참기름 1큰술
깨소금 1/2큰술
소금 · 후춧가루 약간씩

이렇게 만들어요
1 포기 김치의 소를 우선 털어내고 잎을 한 장씩 떼어낸다.

2 쇠고기는 먹기 좋은 크기로 잘라서 준비한다.

3 양파는 채를 썰고, 붉은 피망은 길이로 길게 채를 썰어놓는다.

4 따로 그릇을 준비해 양념장 재료를 모두 넣고 골고루 섞은 다음 쇠고기를 넣고 1시간 가량 재어둔다.

5 기름을 두른 팬에 양파를 볶고 거기에 붉은 피망을 넣고 볶는다. 볶은 채소는 따로 담아두고, 다시 기름을 두른 뒤 양념한 쇠고기를 볶는다.

6 김발을 준비해 김치를 가지런히 여러 장 깐다. 그 위에 슬라이스 치즈 두 장을 깔고, 그 위에 깻잎을 깐다. 불고기와 양파, 붉은 피망 순으로 길게 올린 뒤 김밥을 말듯이 돌돌 말아 모양을 만든다.

7 모양을 반듯하게 잡아 썬 다음, 속 재료가 빠지지 않도록 접시에 담는다.

김치오징어 카레라이스
_ 4인분

재료와 분량

김치 200g
오징어 1/2마리
밥 4공기
감자 2개
양파 1개
당근 1/2개
파란 피망 1/2개
붉은 피망 1/2개
카레가루 1봉지
다진 마늘 1/2큰술
대파 1/2개
토마토케첩 3큰술
우스터소스 1½큰술
우유 1컵
샐러드유 · 소금 · 후춧가루 약간씩

이렇게 만들어요

1 김치는 소를 털어내고, 살짝 씻어서 물기를 뺀 다음 1cm 두께로 썬다.

2 오징어는 내장을 제거하고 껍질을 벗겨서 안쪽에 칼집을 넣은 다음 1cm 두께로 먹기 좋게 썬다.

3 감자와 양파, 당근도 1.5cm 각으로 썬다. 피망은 꼭지를 떼어내고 다른 재료와 같은 크기로 썰고, 대파는 둥글게 썰어 준비한다.

4 냄비에 기름을 두른 다음 다진 마늘을 먼저 넣고 볶아 향을 낸 뒤, 오징어를 넣어 볶는다. 여기에 감자와 당근, 양파를 넣고 재료가 자작하게 잠길 정도로 물을 부어서 끓인다.

5 끓으면 김치를 넣어 살짝 끓이다가 우유에 갠 카레가루를 넣어서 섞는다. 국물이 걸쭉해지면 우스터소스와 토마토케첩을 넣고 좀더 끓인다.

6 마지막으로 피망을 넣고 잘 섞어준 뒤 그릇에 밥을 담고 카레를 부어낸다.

메밀김치전

_ 4인분

재료와 분량

김치 200g
메밀가루 1½컵
물 1컵
두부 1/2모
달걀 1개
대파 1대
참기름 1/2큰술
깨소금 1/2큰술
실파 20g
샐러드유 약간

이렇게 만들어요

1 김치는 소를 어느 정도 털어낸 뒤 송송 썬다.

2 썬 김치를 볼에 담고 참기름과 깨소금을 넣어 밑양념한다.

3 메밀가루에 물과 달걀을 넣어 반죽한다.

4 두부는 칼등으로 잘 으깨서 준비한다. 대파와 실파는 둥글게 송송 썬다.

5 ③의 반죽에 양념한 김치와 두부, 대파 썬 것을 넣는다.

6 프라이팬에 기름을 두르고 ⑤의 반죽을 한 숟가락씩 떠 놓은 뒤, 송송 썬 실파를 얹어 노릇하게 굽는다.

1 메밀가루에 물 1컵과 달걀 1개를 넣고 반죽한다. 2 반죽 농도는 사진처럼 차지게 떨어질 정도가 알맞다. 3 ②에 송송 썬 김치와 대파, 두부를 넣고 고루 섞는다.

김치초밥 _ 4인분

재료와 분량
김치 잎 16장
밥 4공기
달걀 1개
검은깨 1큰술
소금 · 식용유 약간씩

김치 잎 양념
깨소금 1/2큰술
설탕 1작은술
참기름 1큰술

초밥 양념
식초 3큰술
설탕 2큰술
소금 1작은술

이렇게 만들어요

1 김치 잎은 넓고 연한 것으로 골라 양념을 물로 대충 씻어낸 다음 물기를 꼭 짠다.

2 씻은 김치 잎에 깨소금, 설탕, 참기름을 분량대로 넣어서 무친다.

3 달걀을 풀어 소금을 넣어 간한 후, 지단을 부친 뒤 한김 식혀 잘게 다진다.

4 냄비에 초밥 양념 재료를 넣고 설탕이 녹도록 약한 불에서 끓인다.

5 고슬고슬하게 지은 밥에 ④를 넣고 부채로 부쳐가면서 비빈다. 여기에 다진 달걀지단과 검은깨를 넣어 고루 비빈 다음, 4cm 길이의 원통형으로 꼭꼭 눌러 빚는다.

6 양념한 김치 잎을 넓게 펴고, 눌러 빚은 초밥을 얹은 뒤 김치 잎으로 돌돌 말아서 싼다.

1 고슬고슬하게 지은 밥에 초밥 양념을 넣어 비빈 다음 다진 달걀지단과 검은깨를 넣고 고루 비빈다. 양념한 초밥은 4cm 크기의 원통형으로 모양을 만든다. 2 김치는 잎만 준비해 양념을 씻어내고 설탕, 참기름, 깨소금으로 양념한 다음 ①을 올려놓고 돌돌 말아 김치 초밥을 완성한다.

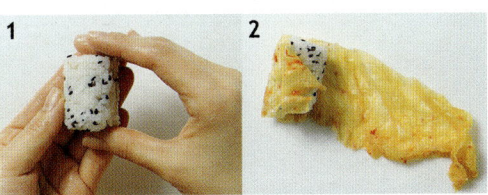

김치샐러드 _ 4인분

재료와 분량
배추김치 200g
양파 1/2개
두부 1모
다진 파슬리 1/2큰술

드레싱
올리브유 1/2컵
식초 1/4컵
레몬즙 1큰술
양파즙 1큰술
설탕 1작은술
소금 1작은술
후춧가루 약간

이렇게 만들어요

1 배추김치는 2cm 폭으로 썰어놓는다.

2 두부는 깍두기 모양으로 썬다.

3 양파는 채를 썰어서 찬물에 헹궈 물기를 뺀다.

4 볼에 올리브유, 식초, 레몬즙, 양파즙, 설탕, 소금, 후춧가루를 넣고 잘 섞어서 드레싱을 만든다.

5 그릇에 김치와 두부, 양파를 담고 드레싱을 뿌려서 잘 섞은 다음 파슬리 다진 것을 뿌려서 낸다.

Cooking Tip
올리브유, 식초, 레몬즙, 양파즙, 설탕, 소금, 후춧가루를 분량대로 넣고 섞어서 샐러드 드레싱을 완성한다. 큰 볼에 김치, 두부, 양파를 담고 드레싱을 넣은 후 고루 섞어 김치샐러드를 완성한다.

배추겉절이
_ 4인분

재료와 분량
배추 1/4통
미나리 · 실파 · 대파 · 부추
약간씩
고춧가루 3큰술
새우젓 2큰술
마늘 · 생강 다진 것, 소금 ·
설탕 · 참기름 약간씩

이렇게 만들어요

1 배추는 싱싱한 것을 골라 깨끗이 씻는다.

2 배추는 농도 15% 되는 소금물에 담갔다가 꺼낸 후 굵은 소금을 뿌려서
5시간 정도 절인다.

3 절인 배추는 흔들어서 씻은 후 체에 밭쳐 물기를 뺀다.

4 미나리, 대파, 실파, 부추는 4cm 길이로 비슷하게 썰어놓는다.

5 마늘과 생강은 껍질을 벗긴 다음 절구에 조금씩 넣어가며 찧는다.

6 배추는 먹기 좋게 적당히 잘라 넓은 그릇에 놓는다.

7 자른 배추에 고춧가루와 새우젓을 넣고 잘 버무린다.

8 ⑦에 준비한 야채를 넣고 소금, 설탕으로 간하여 버무린다.

9 식성에 따라 참기름 등을 넣어 버무린다.

김치볶음 샌드위치

_ 4인분

재료와 분량

식빵 8장
오이 1개
김치 200g
다진 양파 3큰술
참치 1캔
옥수수 1/3컵
올리브유 2큰술
옥수수 통조림 3큰술
슬라이스 햄 4장
마요네즈 4큰술
소금 · 후춧가루 약간씩

이렇게 만들어요

1 김치는 소를 약간 털어내고 굵게 다지듯이 썬다.

2 참치는 체에 넣어 기름기를 완전히 뺀다.

3 프라이팬에 기름을 두르고 양파를 넣어 볶다가 김치를 넣은 다음 계속해서 볶는다. 기름기를 뺀 참치도 함께 넣어 잘 볶는다. 여기에 옥수수를 넣어 소금과 후춧가루로 간한 다음, 살짝 더 볶은 뒤 식힌다.

4 오이는 식빵 길이로 잘라서 얄팍하게 썰어 준비한다. 식빵은 노릇하게 한 번 구워서 한쪽 면에 마요네즈를 고루 바른 다음, 여기에 오이를 깔고 김치 볶은 것을 얹은 뒤 햄을 올린다.

5 다시 마요네즈를 바른 빵을 덮어서 도마로 잠시 눌러둔다. 삼각이나 사각 등 원하는 모양으로 썰어서 그릇에 담는다.

김치퀘사딜라 _ 4인분

재료와 분량
토틸라 4~6장
배추김치 100g
쇠고기 간 것 100g
양파 1/2개
피자치즈 100g
다진 마늘 1/2큰술
소금 · 후춧가루 약간씩

소스
토마토케첩 4큰술
우스터소스 1큰술
핫소스 1작은술

이렇게 만들어요

1 배추김치는 소를 턴 다음 송송 썰어 물기를 꼭 짜둔다.

2 양파와 피자치즈는 잘게 다진다.

3 분량대로 재료를 고루 섞어서 소스를 만든다.

4 프라이팬에 식용유를 두르고 다진 마늘을 넣어서 볶다가 양파 다진 것을 넣어 볶아준다.

5 ④에 쇠고기 간 것을 넣어 볶으면서 소금과 후춧가루를 넣어 간한다. 마지막에 김치를 넣고 함께 볶는다.

6 토틸라 한 장에 만들어놓은 소스를 얄팍하게 펴 바르고, ⑤의 볶은 재료를 얇게 펴서 올린 다음 다진 피자치즈를 뿌리고, 마지막으로 토틸라 한 장을 덮는다.

7 170℃의 오븐에서 4~5분간 구워내 한 김 식힌 다음 알맞은 크기로 썬다.

Cooking Tip
오븐에 바로 구울 수 있도록 호일 위에 토틸라, 소스, 야채와 쇠고기 볶은 것을 순서로 얹는다. 피자치즈를 잘게 다져 올린 다음 토틸라를 덮어 마무리하고, 오븐에 굽는다.

김 치 이 야 기 | **3** 재 료

재료를 잘 골라야 김치가 맛있다!

배추 …
고소하고 묵직한 느낌이 드는 것이 좋다. 배추는 손으로 들어보았을 때 단단함이 느껴지는 것이 속이 꽉 찬 것이다. 겉모양은 통이 너무 크거나 작지 않은 중간 크기의 배추가 좋으며, 줄기의 흰 부분을 눌러보았을 때 단단한 것이 수분이 많고 싱싱하다.

무 …
무청이 싱싱한 것이 바람이 들지 않고 달콤하다. 무는 눈으로 보았을 때 매끈하고 윤기가 있으며, 싱싱한 무청이 달려 있으면서 흙이 묻어 있는 것이 싱싱한 것이다. 손으로 톡톡 두들겨보았을 때 단단하면서 꽉 찬 소리가 나는 것이 좋고, 무청이 붙어 있는 쪽을 잘라봐서 바람이 들었거나 병충해 피해를 입은 무는 피하도록 한다.

깍두기를 담글 무 | 물이 많고 몸이 단단한 재래종 무. 무 윗부분에 비교적 흰색이 많은 것이 좋고, 위아래 크기가 비슷해야 깍두기 모양이 일정하게 된다.

동치미를 담글 무 | 무청이 싱싱한 것 중에서 중간 크기보다 약간 작은 재래종을 고른다.

배추 소에 사용할 무 | 몸이 단단하고 물이 많은 큰 조선무로, 원통형에 위쪽이 푸르고 잎이 벌어진 것을 구입한다.

총각김치를 담글 무 | 작고 단단하며 동글동글한 서울 무가 제격이다. 무청이 싱싱하고 위에서부터 아래로 갈수록 약간 퍼지면서 뿌리가 굵어진 것이 연하고 맛이 좋다.

단무지 · 짠지를 담글 무 | 일본 무로 담가야 하는데, 무청이 달린 싱싱한 것으로 몸이 희고 길며, 끝이 쭉 빠지고 잔털이 없는 것이 좋다.

양념 재료 고르기

고추 … 빛깔이 곱고 선명하며 윤기 나는 것이 좋다. 또 꼭지가 가늘고 뾰족하며 노란빛이 도는 것이 싱싱하다.

파 … 뿌리 쪽의 흰 부분이 많고 광택이 있는 것이 좋다. 대파는 뿌리와 줄기가 굵고 싱싱한 것, 실파는 뿌리 부분이 통통하고 잎이 짧은 것이 좋다.

미나리 … 채가 길고 윤기가 돌며 줄기가 통통한 것, 그리고 잎이 무성하고 연한 것이 좋다.

갓 … 줄기가 짙고 연하며 잎에 윤기가 도는 것이 좋다.

마늘 … 마늘 쪽과 쪽 사이의 골이 확실하게 보이고, 마늘 껍질의 섬유가 선명한 것이 좋다.

생강 … 쪽이 굵고 굴곡이 적으며, 껍질이 얇은 것이 좋다.

김 치 이 야 기 | **4** 보 관 요 령

맛있는 김치 오래 먹으려면?

옹기에 보관하기 …

흔히 '김장독 김치 맛'이라는 말을 한다. 옹기에 담아 보관한 김장김치 맛처럼 적당히 익은 김치 맛을 말한다. 옹기는 덥거나 차가운 바깥 공기가 전해지는 것을 차단하는 특성이 있어 일정 온도를 유지하는 데 가장 적당한 용기로 여겨져 왔다. 따라서 저온에서 보관해야 하는 김치를 담아두기에 가장 좋은 용기였던 셈이다. 이듬해 봄까지 먹을 김장독은 땅에 묻어두기도 했는데, 이는 흙의 단열 효과를 이용한 것이다.

김장은 겨우내 수시로 꺼내 먹어야 하기 때문에 큰 독에 한꺼번에 담는 것보다는 작은 독을 여러 개 마련하여 나눠서 담는 것이 좋다. 큰 독에 한꺼번에 담을 경우에는 큰 비닐봉지를 준비하여 김치를 담은 다음, 고무줄로 가운데를 묶어놓으면 작은 독을 여러 개 사용한 효과를 볼 수 있다.

상자를 이용해서 보관하기 …

아파트에 사는 사람들은 땅에 독을 묻어 김치를 보관하기가 힘들므로, 여러 개의 작은 독과 상자를 준비하는 것이 좋다. 작은 독은 수시로 꺼내 먹기 쉬운 장점이 있고, 상자는 보냉 효과를 위해 준비한다. 김장을 끝내면 준비된 작은 독에 분리해서 담은 후 상자에 김장독을 하나씩 담는다. 상자의 빈 공간은 스티로폼 등으로 채우는 것이 좋으며, 상자 겉의 숨구멍을 끊어놓는 비닐로 싼 다음 바람이 잘 통하고 서늘한 북쪽 다용도실 등에 보관한다. 난방이 잘 되는 아파트에서는 스티로폼이 오히려 보온제 역할을 해 김치가 시어질 염려가 있으므로 왕겨를 사용하는 것이 훨씬 효과적이다.

김치냉장고 …

김치냉장고가 보급되면서 김치 보관이 훨씬 수월해졌다. 일반 냉장고는 일정 기간 냉각을 반복하기 때문에 냉장고 안의 온도 차이가 심하다. 이런 단점을 보완해 김치만을 따로 보관할 목적으로 만들어진 냉장고가 김치냉장고이다.

김치냉장고는 서랍식 또는 위쪽에 있는 뚜껑을 여닫게 만들어져 있는데, 문을 열더라도 냉기가 밖으로 흘러나오지 않아 원래의 냉장고 온도를 유지할 수 있다. 즉 김치냉장고는 차가운 공기가 따뜻한 공기보다 무거워 위로 솟아 나오지 않는다는 원리를 이용한 것으로, 일반 냉장고와 구별되는 가장 큰 요소는 바로 이러한 냉장고 내부의 냉기 단속 능력이다.

김치냉장고를 이용하면 싱싱한 김치를 보통 4개월까지 보관할 수 있는데, 숙성기에는 온도를 5~7℃로 유지하고, 그 뒤에는 0℃로 조정해 놓으면 장기간 보관이 가능하다.

열무비빔국수 _ 4인분

재료와 분량

소면 400g
열무김치 150g
오이 1개
게맛살 150g
깨소금 · 참기름 약간씩

양념장

고추장 4큰술
진간장 1/2큰술
설탕 3큰술
식초 3큰술
겨자가루 1큰술
육수 적당량
소금 · 참기름 · 깨소금 약간씩

이렇게 만들어요

1 소면은 끓는 물에 삶아 찬물에 헹군 후 건져놓는다.

2 오이는 5cm 길이로 어슷하게 썰어 준비한다.

3 게맛살은 5cm 길이로 썰어 준비한다.

4 열무김치는 조금 익은 것으로 준비해서 5cm 길이로 썰어 깨소금, 참기름을 넣어 무친다.

5 발효시킨 겨자가루에 설탕, 식초, 소금을 넣고 육수를 부어 잘 섞은 다음 고추장, 진간장, 깨소금, 참기름을 넣어 골고루 섞어서 양념장을 만든다.

6 그릇에 국수 삶은 것을 얹고 열무김치와 준비한 재료를 얹어 양념장을 곁들여 낸다.

1 열무김치는 조금 익은 것으로 준비한다.
2 열무김치는 깨소금과 참기름을 넣어 고소한 맛이 더하도록 무쳐둔다.

김치꽁치말이튀김
_ 4인분

재료와 분량
배추김치 250g
깻잎 10장
밀가루 1/3컵
꽁치 통조림 1통
다진 양파 2큰술
맛술 1큰술
튀김기름 약간
튀김옷
(밀가루 1/2컵, 달걀 2개
빵가루 2컵)

김치 양념
설탕 1작은술
참기름 1/2큰술

소스
마요네즈 4큰술
간장 1/2큰술
참기름 1/2큰술
갠 고추냉이 1½작은술

이렇게 만들어요

1 김치는 준비해서 한 장씩 떼어내고, 소는 털어낸 뒤 물기를 꼭 짠 다음 설탕과 참기름에 양념한다.

2 꽁치는 통조림으로 간편하게 준비하여 체에 밭쳐 기름기를 뺀 다음 그릇에 담는다. 맛술을 뿌려 비린 맛이 없어지도록 잠시 둔다.

3 깻잎은 한 장씩 흐르는 물에 씻어 물기를 닦아놓는다.

4 도마 위에 양념한 김치 잎을 깔고 밀가루를 고루 뿌린 다음 물기를 걷어놓은 깻잎을 깔고 다시 밀가루를 뿌린다.

5 맛술에 담가두었던 꽁치를 얹고 김치 잎으로 단단하게 싼 다음 밀가루, 달걀, 빵가루 순으로 입힌다. 그런 다음 다시 한 번 달걀물에 담갔다가 빵가루를 묻혀 튀김옷을 두툼하게 입힌다.

6 170℃ 정도의 튀김기름에 넣고 노릇노릇하게 튀긴 다음, 한 김 식으면 먹기 좋은 크기로 잘라 소스와 곁들여 낸다.